Evelin und die Wölfe

Eine Geschichte von Menschen und Wölfen

Eine Geschichte über Evelin, ihren Opa Helmut und Wölfe.

2021 Helmut Kautzner

Verlag & Druck: tredition GmbH, Halenreie 40-44,
22359 Hamburg

ISBN
978-3-347-26570-7 (Paperback)
978-3-347-26571-4 (Hardcover)
978-3-347-26572-1 (e-Book)

Impressum
Verlag tredition GmbH
Halenreie 40-44
22359 Hamburg

Angaben:
Die Bilder sind eigene Fotos oder kostenlose freie Bilder aus dem
Internet, diese mit Ursprungsangabe.
Das Titelbild zeigt eine Collage, zusammengestellt von Opa, mit
Evelin, zwei Wölfen und etwas kleiner Opa.

Widmung:
Diese Geschichte ist als erstes gedacht und gewidmet für Evelin,
der Tochter von Nadine und Michael, und Omas und Opas Enkel-
kind, Opas Liebling, über die hier erzählt wird.
Aber auch für alle, Kinder und Erwachsene, die sich für diese Geschichte und das Leben der Wölfe interessieren.

Inhaltsverzeichnis

Impressum und Widmung   Seite 04
Inhaltsangabe   Seite 05
Vorwort   Seite 07

Kapitel 1   Vorgeschichte, Einleitung   Seite 09

Kapitel 2   Wolfstreffen   Seite 11

Kapitel 3   Die Wolfshöhle   Seite 15

Kapitel 4   Die Wolfsgeschichte Teil 1   Seite 17

Kapitel 5   Die Wolfsgeschichte Teil 2   Seite 21
               und die jungen Wölfe

Kapitel 6   Die Geschichte geht weiter,   Seite 27
               der Wolf erzählt den dritten Teil
               seiner Geschichte

Kapitel 7   Wie geht es weiter   Seite 31

Anhang   Karte, der Weg des Wolfes und   Seite 33
               seine Stationen

Ergänzung 1   Vogel- und Wolfspark Pelm   Seite 34

Vorwort:

Dieses ist eine Geschichte über Evelin, ein siebenjähriges Mädchen, ihren Opa Helmut, einen Wolf und seine Familie.

Die Menschen Evelin und Opa sind lebende Personen, beschrieben in Kapitel 1. Die Wölfe sind lebende Tiere.

Aber die Geschichte mit dem sprechenden Wolf ab Kapitel 2 hat Opa für Evelin ausgedacht und sie ist erfunden. Opa ist kein Experte, jedoch ist vieles, was er darin über die Wölfe erzählt, aus dem, was er gelesen und im Internet oder Fernsehen gesehen hat, entnommen und mit seinen Worten hier wiedergegeben.

Diese Geschichte erzählt aus dem Leben eines fiktiven Wolfs und seiner fiktiven Wolfsfamilie in der Eifel.

Kapitel 1   Vorgeschichte, Einleitung

Evelin lebt in einem kleinen Dorf am Rande der Eifel. Zum Zeitpunkt dieser Geschichte ein munteres 7-jähriges Mädchen, allem aufgeschlossen und zu allen Abenteuern bereit.

Hat mit Balletttanzen angefangen, Reitstunden von Ihren Eltern geschenkt bekommen, alles leider in 2020 ausgesetzt wegen der Corona-Pandemie.

Sie malt sehr gerne, hat auch für ihren Opa schon viele Bilder

gemalt, hier eines davon, ein ausdrucksstarker Sonnenuntergang am Meer.

Evelin hat immer wieder neue Ideen und interessierte sich für vieles aus und in der Natur, aber vor allem

für die Wölfe. Das sind ihre Lieblingstiere, denn ihr Leben, ihr Familiensinn und ihr Zusammenhalt beeindruckten sie sehr.

Von ihrem Opa hatte sie sich über Wölfe eine CD angesehen und ihre Mutter hatte ihr im Internet die CD von Elli H. Radinger gekauft, „Die Weisheit der Wölfe". Die hat sie sich immer wieder angehört und kannte bald vieles auswendig und war sehr beeindruckt, was sie alles über Wölfe erfahren konnte. Sie hatte allerdings auch gelesen, so wie Opa auch, dass es mit Wölfen auch Probleme geben kann und Wölfe keine Kuscheltiere sind. Aber in erster Linie waren sie eben auch begeistert vom Leben der Wölfe. Dazu hatte Opa unter anderem auch noch ein Buch von Gudrun Pflüger gelesen, in dem viel über das Verhalten und das Leben der Wölfe geschrieben und beschrieben ist.

Opa ist vor allem berührt von der Erzählung auf Seite 224 bis 226, in der Gudrun Pflüger von ihrer Begegnung mit den Wölfen auf einer Wiese an der Westküste Kanadas erzählt, mit der Begegnung mit einer Wolfsfamilie, besser gesagt mit der Akzeptanz der

Wölfe mit ihrer Anwesenheit und ihren gewaltigen Eindrücken und Gefühlen während dieser Begegnung. Opa ist auch mit der Natur sehr verbunden und träumt auch von so einer intensiven Begegnung in und mit der Natur.

Evelin hat einen Wolf aus Stoff als Lieblingstier, den sie Rabat nennt. Den nimmt sie überall mit hin, wo es möglich ist.

Aber hier, wie Opa meint, ein wunderschönes Foto von Evelin

 und Opa, mit einem im Wald gefundenen Pilz, einem Parasol oder Riesenschirmling. Dieser ist essbar und hat, in der Pfanne von Oma lecker gebraten wie ein Schnitzel, einen wunderbaren nussigen aromatischen Geschmack.

Mit ihrem Opa kann sie sich auch gut über Wölfe unterhalten, denn auch Opa ist von den Wölfen und ihrem Verhalten und ihrem Leben begeistert, wie oben bereits genannt.

Auch hat Opa für einen Vogel- und Wolfspark in Pelm schon Eintrittskarten bestellt. Eintrittskarten für das kommende Frühjahr, für Evelin und die ganze Familie, um hinzugehen, wenn die Einschränkungen durch die Corona-Pandemie wieder gelockert werden.

Dort leben Wölfe, schwarze Timberwölfe, in einem großen eingezäunten Waldgelände. Da können wir mal hin fahren und uns diese Wölfe ansehen und vielleicht auch bei einer Wolfsfütterung dabei sein, sagte Opa. Oh prima, antwortete Evelin, das machen wir.

Ab hier beginnt die Geschichte über einen Wolf und seine Familie, die Opa erzählt. Eine für Evelin erfundene Geschichte, die aber auch Wirklichkeit sein könnte, zumindest, was das Leben der Wölfe betrifft. Einen sprechenden Wolf wie hier in der Geschichte wird man nicht finden, aber was er erlebt hat, kann schon wahr sein.

Kapitel 2   Wolfstreffen

Eines Tages fragte Evelin ihren Opa: Opa können wir mal in den Wald gehen und sehen, ob es da Wölfe gibt?

Opa antwortete: Hier gibt es keine Wölfe, die leben in anderen Gebieten. Hier hat noch niemand einen Wolf gesehen. Aber in Pelm, da gibt es im Vogel- und Wolfspark Wölfe, für den ich ja schon Karten bestellt habe.

Aber, sagte Evelin, ich möchte so gerne auch mal einen Wolf sehen, der hier bei uns frei herum läuft, vielleicht gibt es hier doch welche, vielleicht einen oder zwei.

Na gut, sagte der Opa, wir gehen mal in den Wald und schauen uns um, nach Spuren oder Resten von Tieren, die der Wolf für sein Leben braucht, gejagt und gefressen hat.

Aber Wölfe sind sehr scheu und fürchten sich vor Menschen, denn sie wissen, dass nicht alle Menschen zu ihnen freundlich sind und früher alle Wölfe in Deutschland gejagt und erschossen worden sind. Die Wölfe, die jetzt wieder in Deutschland leben, sind aus Polen und Russland gekommen. Dort wo es noch Wölfe gibt. Aber auch dort werden sie heute noch gejagt. Deshalb sind sie scheu geblieben.

Erst sehen wir uns im Internet, vielleicht auch im Fernsehen, weitere Berichte an, wie Wölfe leben, in Familien, sogenannten Rudeln, oder auch als Einzelwölfe. Wir sehen uns an wie sie jagen, wie junge Wölfe in ihren Höhlen aufwachsen, beschützt von ihren Eltern und vieles anderes.

Ja, sagte Evelin, so machen wir es.

So schauten sie sich Filme an, unter anderem vom Yellowstone-Park in Nordamerika, über den viel berichtet wird. Über die Ausrottung der Wölfe in diesem Gebiet durch den Menschen. Den sich daraus ergebenen Zusammenbruch der natürlichen Entwicklung in der Natur. Durch rapide Zunahme der Wapiti-Hirsch-Population, den Kahlfraß der Wald- und Buschbereiche und andere Folgen. Und die Rückkehr der Wölfe durch eine Wiederansiedlung und damit offensichtlich verbundenem Rückgang der entstandenen Folgeschäden durch das Fehlen der Wölfe, als ein mit

11

entscheidender Regulator für eine funktionierende Natur. Sie hatten aber auch in vielen Berichten gesehen und gelesen über die Rückkehr der Wölfe in Deutschland, vor allem Ostdeutschland und die teilweisen Probleme mit gerissenen Weidetieren. Aber auch gesehen und gelesen in Berichten aus Ländern, Italien, Rumänien usw., in denen die Menschen seit vielen Jahren mit den Wölfen leben und sich mit dem Leben der Wölfe in dieser natürlichen Umgebung arrangiert haben.

Nun, egal wie, Evelin wollte sich selbst davon überzeugen, ob es hier Wölfe gibt oder nicht. So machten sie sich eines Tages auf in den Wald, Evelin und Opa.

Dort, wo sie auch schon im Herbst Pilze gesucht und gefunden hatten. In der Eifel gibt es viel Wald, auch schon in der Nähe ihres Dorfes. Der erste Tag ging herum, auch der zweite. Kein Wolf war zu sehen, auch keine Spuren oder Reste von einer Jagd.

Doch Evelin wollte nicht aufgeben.

So gingen sie ein paar Tage später wieder in den Wald.

Und plötzlich, auf einem sandigen Waldweg fanden sie Spuren wie von einem großen Hund, oder einem Wolf?

Trittsiegel eines Wolfes auf oberflächlich abgetrocknetem, durchnässtem Boden

Im Graben neben dem Weg fanden sie auch Reste von einem Fell, einem Kaninchen oder Hasen?

Sie gingen weiter, den Waldweg entlang, leise und vorsichtig. Und plötzlich ...., stand er da, am Rand neben dem Weg, keine 20 Meter entfernt. Mit spitzen Ohren und grau-schwarzem Fell, etwa so groß wie ein Schäferhund. *Wolfsspur, die Vorderzehen liegen näher zusammen als beim Hund, zeigen fast geradeaus. Quelle: https://de.wikipedia.org/wiki/Wolf*

Evelin und Opa blieben vor Schreck stehen und wussten nicht, wie sie sich verhalten sollten. Sie hatten gelesen, auf keinen Fall umdrehen und weglaufen. So blieben sie einfach stehen. Der Wolf kam näher, so dass sie schon seine grauen leicht gelblich schimmernden Augen sehen konnten, er kam immer näher bis

auf ein paar Meter. Er machte für Evelin und Opa einen angespannten, aber keinen aggressiven Eindruck.

Plötzlich, Evelin und Opa konnten es nicht glauben, fing der Wolf an zu sprechen, mit einer etwas rauen tiefen Stimme: Du bist Evelin, mit deinem Opa. Ich habe euch schon ein paar Tage gesehen und beobachtet, und da habe ich von euch gehört, dass du Evelin bist mit deinem Opa. Evelin wollte etwas sagen, aber vor Aufregung brachte sie kein Wort heraus, Opa sagte auch nichts, stand nur sprachlos da. Da sprach der Wolf weiter: Ich fühle, dass ihr nicht böse seid und nichts Böses wollt. Wenn ihr möchtet, kann ich euch zu meiner Höhle führen, wo meine Frau, die Wölfin mit drei jungen Wölfen wartet, dass ich was zu fressen bringe, aber ich habe noch nichts gefangen, nur euch beobachtet.

Da fing Evelin an zu sprechen, sie hatte allen Mut zusammen genommen und sagte zu dem Wolf: Wir möchten nicht, dass du ohne etwas zu Fressen nach Hause kommst. Du gehst jetzt was zu fressen suchen, für dich und deine Familie. Wir gehen nach Hause und kommen morgen wieder, hier an die Stelle und du kannst uns hier abholen. Der Wolf antwortete: Das ist schön, dass du so denkst, nicht nur an dich und euch, sondern auch an meine Familie. Wir treffen uns morgen wieder hier in etwa um die gleiche Zeit. Er verschwand mit ein paar Sätzen im Wald und weg war er.

Evelin und Opa waren immer noch ganz erschrocken und verwundert, haben einen Wolf gefunden und sogar einen, der sprechen konnte. Das konnte nicht wahr sein, aber sie hatten es gerade selbst erlebt. Opa sagte zu Evelin: Wir gehen jetzt nach Hause, sagen es aber niemanden, die glauben es ja doch nicht und halten uns für übergeschnappt. So gingen sie nach Hause. Evelin konnte die ganze Nacht kaum schlafen. Sie war noch zu aufgeregt.

Am nächsten Tag, gleich nach der Schule und dem Mittagessen lief Evelin zu Opa und sie machten sich auf, wieder in den Wald, zu der Stelle, wo sie gestern den Wolf getroffen hatten. Sie warteten eine viertel Stunde, aber der Wolf kam nicht. Opa sagte: Wir warten noch ein paar Minuten, dann gehen wir zurück. Sie drehten sich um und gingen ein paar Schritte zurück, Evelin ganz traurig, dass der Wolf nicht gekommen war. Und plötzlich, wieder wie gestern, stand der Wolf auf dem Weg. Er war wie ein Schatten aus dem Wald gekommen, ohne das leiseste Geräusch stand er da und sagte: Ich habe euch schon gesehen, aber ich muss vorsichtig und sicher sein, dass außer euch zweien niemand da ist. Denn ich habe gelernt, dass man bei den Menschen sehr, sehr vorsichtig sein muss. Nicht alle können uns leiden und manche wollen uns verjagen oder noch schlimmeres antun. Meine Erfahrung und meine Geschichte kann ich euch später erzählen, wenn ihr wollt. Aber erst möchte ich euch zu meiner Familie führen. Evelin antwortete: Hallo Wolf, wieso kannst du sprechen? Der Wolf antwortete: Ich weiß es selbst nicht. Ich bin als kleiner junger Wolf von meiner Familie getrennt worden und hatte das Glück, dass ich von einem Menschen gefunden worden war, der alleine im Wald lebt und die Wölfe liebt so wie ihr. Der hat mich groß gezogen, aber nicht so, dass ich bei Menschen bleiben musste, sondern er hat mich so leben lassen, wie ein freier Wolf lebt. Er hat mir Fleischstückchen gebracht, die ich selber klein machen musste. Später ist er mit mir jagen gegangen und er hat mir gezeigt, wie man mit Geduld oder auch Schnelligkeit etwas jagen kann. Er hat mir auch gezeigt, wie gefährlich die Wege sind, die ihr Straßen nennt. Denn was sich darauf bewegt, ist schneller als wir. Er hat mir auch gezeigt, wo Menschen wohnen. Hat mir gezeigt und gesagt, dass es Häuser sind mit Menschen darin. Dort soll ich nicht hingehen, nicht das alle Menschen böse sind auf Wölfe, sondern weil sich viele Menschen erschrecken würden, wenn sie Wölfe sehen würden. Aber auch Kinder dort wohnen, die auch große Angst vor Wölfen haben könnten, weil es Geschichten geben würde, so wie von einem Wolf, der die Großmutter frisst und auch Rotkäppchen fressen wollte. Und andere Menschen würden dann versuchen, mich zu fangen und einzusperren oder sogar zu erschießen.

Mit der Zeit habe ich ihn verstanden, wenn er mit mir gesprochen hat und irgendwann konnte ich plötzlich auch sprechen. Ich verstehe es auch nicht, aber es ist so. Es gibt eben Dinge, die geschehen und man hat keine Erklärung. Nach über einem Jahr, als ich alleine jagen konnte, hat er mich in den Wald geschickt und mir gesagt: Jetzt gehst du alleine, ich habe dir gezeigt, wie man jagt und überleben kann. Geh, suche dir eine Partnerin, gründe eine Familie und lebe weiter, wie ein Wolf leben muss. Aber sei vorsichtig, jage keine Schafe und andere Tiere, die den Menschen gehören und halte dich von Menschen fern. Das habe ich genau behalten, deshalb lebe ich heute noch. In den Jahren, seit ich von ihm fort bin, habe ich viel erlebt, aber das erzähle ich euch später wenn ihr möchtet. Jetzt gehen wir erstmal zu meiner Höhle, aber leise und vorsichtig, dass uns niemand hört und folgt.

Kapitel 3   Die Wolfshöhle
Dann gingen sie los, in den Wald hinein. Zwischen Bäumen und Sträuchern hindurch, ohne Weg, in ein immer dichteres Wandstück. Der Wolf vorne weg, er blieb oft stehen, denn er konnte sich zwischen all den Bäumen und Büschen schneller bewegen und wartete auf Evelin und Opa. Opa blieb auch schon mal stehen, schaute auf die Karte um sich zu orientieren, wo sie hinlaufen und auch, um den Rückweg wieder zu finden. Opa hatte immer eine Landkarte dabei, wenn er in den Wald oder in die Berge gegangen ist. Auch einen Kompass hatte er immer dabei. Das braucht man heute normal nicht mehr, denn es gibt Handys mit GPS-Navigation, das hatte Opa auch, aber er hatte eben auch noch Karte und Kompass dabei. Einmal sagte Opa nachdem er wieder mal auf seine Landkarte geschaut hat: Wir sind jetzt schon ein ganzes Stück im Naturschutzgebiet. Da bleibt alles so, wie es von Natur aus wächst und alte umgestürzte Bäume bleiben liegen, so wie sie gefallen sind. Es soll sich alles natürlich entwickeln,

15

wachsen und sterben können, ohne menschliches Zutun. Und weiter sagte er: Das ist gut für die Wölfe, denn da können sie weitgehend ungestört leben. Sie müssen halt nur aufpassen, dass sie in dem Gebiet bleiben.

Nach etwa einer halben Stunde drehte sich der Wolf wieder einmal um und sagte: Wir sind gleich da, ihr wartet hier und ich gehe erst vor und melde uns an, dann komme ich euch holen. Er war weg, aber nach kurzer Zeit wieder da. Kommt jetzt mit. Sie gingen noch ein paar Meter, dann kamen sie an eine kleine freie Fläche, auf der ein alter großer Baum umgestürzt war und seine Wurzeln standen schräg vom Boden weg. Darunter sahen sie eine Höhle, zumindest einen kleinen Höhleneingang. Vor dem Eingang ein kleiner etwas aufgehäufter Bodenhügel mit Wolfsspuren.

Und der Wolf sagte: Hier ist unsere Wohnung, unsere Wolfshöhle. Wir haben sie unter der Baumwurzel weiter gegraben, damit meine Frau darin unser Wolfskinder zur Welt bringen kann. Jetzt sind sie ungefähr drei Wochen alt, kommen noch nicht heraus und liegen noch zusammengekuschelt bei meiner Frau. Der muss ich immer was zu fressen mitbringen, denn sie bleibt ohne Unterbrechung bei den jungen, um sie zu wärmen und auch, damit sie immer Milch saugen können, wenn sie Hunger haben, und das haben sie oft.

Und weiter sagte der Wolf zu Evelin: Du kannst ja mal hineinsehen, du bist noch klein und schmal und passt noch hinein. Kriech mal ein Stück hinein, aber nicht zu weit, meine Frau, die Wölfin, versteht keinen Spaß, wenn man ihren Kleinen zu nahe kommt. Noch nicht mal ich darf ganz hinein, um meine Kleinen zu sehen. Evelin traute sich erst nicht, aber Opa sagte zu ihr: Probiere es mal, du wirst schon merken, wenn du zu weit bist. So legte sich Evelin vor dem Eingang auf den Boden und kroch ungefähr einen Meter hinein. Es war dunkel darin und roch komisch nach Hund oder Wolf. Schemenhaft sah sie über einen Meter weiter ein Knäuel aus Wolfspelz. Sie hörte ein leises Quietschen und winseln und dann auch ein Knurren. Aha dachte Evelin, das ist die

16

Wölfin, um mich zu warnen, komm nicht näher. Sie war still und rührte sich nicht. Nach einer kurzen Zeit kroch sie wieder zurück und stand auf, putzte sich den Schmutz von der Jacke und der Hose und war ganz still. Sie war zum ersten Mal in einer Wolfshöhle, hatte die jungen Wölfe winseln und quietschen hören. Das war ein besonderes Erlebnis für sie. Opa sprach sie an: Na siehst du, hast dich getraut und die Höhle erlebt. Jetzt müssen wir aber nach Hause und kommen wieder. Morgen oder übermorgen, so wie es geht.

Der Wolf stand daneben und sagte: Ich gehe mit euch ein Stück zurück und zeige euch, wo ihr auf mich warten könnt, wenn ihr kommt. Ich werde euch riechen und hören und werde euch dort abholen. Wir Wölfen können Menschen über eine weite Strecke hören und riechen. Ich komme auf jeden Fall, auch wenn ihr ein bisschen warten müsst, wenn ich auf der Jagd bin oder meiner Frau was zu fressen bringe. Aber passt auf, dass euch niemand folgt und ihr alleine seid, wenn ihr dorthin kommt. Geht auch immer eine etwas andere Spur, damit kein Trampelpfad entsteht.

So gingen sie zurück bis kurz vor dem Weg, den sie schon kannten. Etwa 50 m vor dem Weg stand ein krummer Baum, bestehend aus zwei Stämmen, die schräg ineinander gewachsen waren. Da standen Büsche drum herum, hinter denen sie warten konnten, wenn der Wolf sie holen kommt. Der Wolf brachte sie bis dahin und lief zurück. Evelin und Opa gingen nach Hause und wurden gefragt: Wo ward ihr? Wir waren bei einem Wolf und seiner Höhle und haben die jungen Wölfe gehört. Ja, träumt nur weiter, Hauptsache, ihr findet immer wieder den Weg zurück nach Hause, war die Antwort. Niemand wollte die Geschichte glauben, aber das hatten sie sich ja schon gedacht und Opa ja auch gesagt. Aber sie wussten, es ist wahr, wir haben es erlebt, und das war für sie wichtig.

Kapitel 4   Die Wolfsgeschichte Teil 1
Ein paar Tage später hatten sie wieder einmal Gelegenheit, um in den Wald zu gehen, es war ein Samstag, ein Wochenende, ohne

Schule.

Sie gingen zu dem Treffpunkt an den krummen Baum, passten dabei auf, dass ihnen niemand folgt. Es war ein warmer Frühlingstag und es summte und brummte in den Bäumen und Büschen. Es dauerte eine Weile, da stand der Wolf wieder da, ohne Geräusche war er gekommen, wie ein Geist aus dem Wald. Sie begrüßten sich und Evelin sagte zu dem Wolf: Wir hören dich nie kommen. Wenn wir durch den Wald laufen, knacken die Zweige und Äste, die auf dem Boden liegen, oder es raschelt das Gras oder es rascheln die Büsche. Ja, antwortete der Wolf, das ist die Kunst, die man lernen muss, um unentdeckt zu bleiben und auch wichtig für die Jagd, um unentdeckt an unsere Beute heran zu kommen. Aha, sagte Evelin, und warum heult ihr manchmal? Das ist zu unserer Verständigung zwischen den Rudeln, wenn es mehrere gibt oder auch nur, um in unserem eigenen Rudel Kontakt zu halten und zu melden: Wir sind hier. Hier ist das nicht nötig, denn wir sind alleine, meine Frau und ich. Es gibt kein weiteres Rudel weit und breit. Aber kommt mit zu unserer Höhle. Da können wir uns in die warme Sonne setzten und ich kann euch meine Geschichte erzählen, wie ich sie euch versprochen habe.

So liefen sie zusammen zu der Höhle. Evelin und Opa setzten sich auf einen alten Baumstamm und der Wolf legte sich neben ihnen auf den warmen Boden. Von der Wölfin und den jungen Wölfen war nichts zu sehen. Sie lagen bestimmt zusammen in der Höhle. Der Wolf fing an zu erzählen:

Ich möchte euch meine Geschichte so erzählen, wie ich sie damals erlebt hatte. Heute weiß ich vieles anders und besser, aber ich möchte es so erzählen, wie ich es damals empfunden habe, als kleiner junger Wolf.

Damit begann der Wolf seine Geschichte:

Ich komme sehr weit her, aus der Richtung, wo die Sonne viel früher aufgeht, ihr Menschen sagt dazu Osten. Aber sehr weit, ich denke, es heißt Russland. Ich erinnere mich an eine Höhle, ähnlich wie hier unsere, in der ich mit Mutter und mehreren Geschwistern die ersten Wochen erlebt hatte.

Nach einiger Zeit konnten wir uns schon gut bewegen und waren auch schon mal kurz vor unserer Höhle, hatten auch von Vater und Mutter etwas Neues zu fressen bekommen, dass sie vor uns ausspuckten. Es war fester als die Milch von Mutter, die wir vorher getrunken hatten. Und es roch gut und lecker.

Eines Tages waren wir in unserer Höhle, Mutter und Vater waren nicht da. Da hörten wir draußen seltsame Geräusche und merkten und sahen, etwas machte sich an unserem Höhleneingang zu schaffen. Der Eingang wurde von außen aufgegraben und etwas griff nach uns. Ich kroch ganz tief in die hinterste Ecke der Höhle, dort war eine kleine Mulde. Ich sah, dass meine Geschwister von etwas gepackt und aus der Höhle gezogen wurden. Alle wurden heraus gezogen. Mich hat man nicht entdeckt, ich hatte mich in meiner Ecke ganz klein gemacht.

Dann wurde es draußen leiser und dann ganz still. Ich hatte Angst, so ganz alleine und winselte nach meiner Mutter, aber sie kam nicht. Es wurde draußen dunkel, sie kam nicht, es wurde wieder hell, Mutter war nicht da, Vater auch nicht.

Ich wusste nichts, hatte aber schrecklich Hunger. Nach einiger Zeit traute ich mich aus der Höhle um zu sehen, was los war und dass ich vielleicht etwas zu fressen finden würde. Ein paar kleine Reste von dem, was Vater und Mutter ausgespuckt hatten, waren noch da, aber es war nicht viel, und ich hatte immer noch Hunger und auch Durst.

Ich lief los, um etwas zu trinken zu finden und vielleicht auch etwas zu fressen. Nach einiger Zeit kam ich an ein Wasser, das sprudelte und sich bewegte. Da konnte ich etwas schlürfen und lecken, um meinen Durst zu stillen. Aber der Hunger war immer noch da. So lief ich noch ein Stück an dem Wasser entlang, fand aber nichts. Aber etwas packte mich plötzlich und zog mich hoch. Das Etwas drückte mich leicht an sich und machte seltsame Geräusche. Es war warm, aber roch auch komisch, so hatte ich es noch nie gerochen. Aber es tat mir gut. Das Etwas bewegte sich einige Zeit weiter. Dann ging es in eine große Höhle, viel größer als unsere bei Vater und Mutter. Er setzte mich auf etwas weiches, das wieder anders roch. Aber ich konnte mich hier einkuscheln. Dann brachte es mir was zum fressen, so etwas wie von Vater und Mutter, was auch gut roch und gut schmeckte. Da war ich froh, endlich war mein Hunger weg.

Der Wolf machte eine längere Pause, schaute Evelin und Opa an und sagte dann: Heute weiß ich, die, die meine Geschwister mitgenommen hatten, waren Menschen, und der, der mich gefunden hat, war auch ein Mensch und er hat mich mit zu sich nach Hause genommen, in sein Haus, seine Höhle. Wie ich euch schon bei unserem ersten Treffen erzählt hatte. Und die Geräusche, die er gemacht hat, er hat mit mir gesprochen. Das habe ich damals alles nicht gewusst.

Aber ich denke, dieser Teil der Geschichte sollte erstmal genügen. Ich kann sie beim nächsten Mal weiter erzählen, wenn ihr möchtet.

Darauf sagte Opa: Deine Geschichte ist wirklich interessant. Hast du nichts mehr von deinen Eltern gehört?

Nein, antwortete der Wolf. Nichts mehr. Wer weiß, was mit ihnen passiert ist.

Opa sagte dann: Es ist traurig, was mit dir passiert ist. Wer weiß, was mit deinen Eltern und Geschwistern geschehen ist. Und weiter: Es ist spät geworden und wir müssen nach Hause.

Evelin ergänzte: Gerne kannst du deine Geschichte weiter erzählen, wenn wir wieder kommen. Deine Geschichte geht bestimmt noch viel weiter, denn du bist jetzt hier und das waren sicherlich eine lange Zeit und ein langer Weg.

So ist es, antwortete der Wolf.

Evelin und Opa machten sich auf den Heimweg und sprachen noch lange über das gehörte von dem Wolf. Sie machten sich auch noch Gedanken, was wohl mit den Eltern und Geschwistern des Wolfes passiert sein könnte. Opa hat dann im Internet dazu gelesen, dass in Russland für getötete Wölfe eine lange Zeit Prämien gezahlt worden sind, für alte, aber auch für junge Wölfe, weil die Anzahl der Wölfe sehr zugenommen hatte und in vielen Gebieten die Wölfe sehr viele Weidetiere, Schafe, Rinder, Rentiere gerissen, sogar Menschen angegriffen haben.

Das machte sie sehr traurig. Aber sie verstanden auch, dass das für die Menschen ein großes Problem sein kann. Und sprachen auch darüber, dass es hier in Deutschland noch nicht so ist und hoffentlich auch nicht so weit kommen wird.

Kapitel 5   Wolfsgeschichte Teil 2 und die jungen Wölfe

Eine Woche später, es war wieder ein Samstag, gingen Evelin und Opa in den Wald. Sie gingen zu dem Treffpunkt an dem verdrehten Baum. Dort warteten sie und hörten die Geräusche des Waldes. Dort hämmerte ein Specht, dort raschelte es im Gebüsch. Eine Maus huschte am Boden vorbei. Ein Eichhörnchen sauste um einen Baumstamm, hinauf und wieder hinunter. Die Luft roch nach Wald. Opa umarmte einen Baum, war ganz ruhig und atmete die Waldluft tief ein. Das macht er schon mal, wenn er im Wald ist. Er sagt dazu: Bäume sind Natur und haben ein Leben, wie wir, nur anders. Aber sie atmen und fühlen, werden als kleine Sämlinge geboren und sterben eines Tages. Fallen um und geben ihre Kraft und ihr Leben weiter an die, die sich aus diesem Sterben neu entwickeln. Das ist der Kreislauf der Natur. Bei uns ist es nicht anders und doch anders. Aber auch wir sind aus der Natur geboren und kehren in die Natur zurück, wenn wir gestorben sind. Es war ein schöner Spät-Frühlingstag, nicht zu heiß, nicht zu kalt. Sie warteten etwa eine halbe Stunde, langweilten sich schon etwas. Doch da stand der Wolf, plötzlich und wieder ohne ein Geräusch, neben ihnen. Es war ein wundervolles Gefühl bei Evelin, so ein großes Tier ohne Angst neben sich zu haben.

Evelin begrüßte den Wolf: Hallo Wolf, wie geht's? Er antwortete mit seiner tiefen rauen Stimme: Alles gut, die Kleinen trauen sich schon aus der Höhle, waren schon einige Male draußen und haben ihre Umgebung erkundet.

„Das ist ja wunderbar", sagte Opa. Er musste auch mal was sagen. Der Wolf sprach weiter: Wir gehen wieder vorsichtig zu unserer Höhle. Wenn ihr euch ruhig verhaltet, seht ihr unsere jungen Wölfe auch.

So gingen sie leise in Richtung Höhle. Kurz davor sahen sie durch die Büsche etwas über den Hügel vor der Höhle in die Höhle hinein huschen, sicherlich die jungen Wölfe.

Sie kamen aus den Büschen auf die kleine offene Fläche vor der Höhle und blieben gleich am Rand stehen. Vor der Höhle lag die Wölfin, das musste sie sein, der Wolf stand ruhig neben ihnen. Evelin und Opa merkten: Die Wölfin sah angespannt zu ihnen herüber, ihre Augen und aufgestellten Ohren verrieten ihre Anspannung. Aber sie bewegte sich nicht und der Wolf sagte: Sie muss sich erst an euch gewöhnen, haltet euch ruhig und entspannt. Das wird sie merken und sich an euch gewöhnen. Die Wölfin stand aber auf und verschwand in der Höhle und der Wolf sagte: Sie ist euch nicht gewohnt und ist unsicher, da ich bei euch bin und nichts gegen euch unternehme. Aber ich kann ihr nicht sagen, wer ihr seid und warum ihr hier seid. Sie muss sich einfach an diese Situation gewöhnen, da eigentlich Lebewesen wie ihr, hier nichts zu suchen haben.

Evelin und Opa setzten sich wieder auf den Baumstamm und der Wolf legte sich zwischen ihnen und der Höhle auf den Boden und sagte: Wenn ihr wollt, kann ich meine Geschichte weiter erzählen. Opa sagte: Das kannst du machen, wir haben noch etwas Zeit, bis wir zurück müssen.

So fing der Wolf an mit der Fortsetzung seiner Geschichte.

Der Mann, der mich gefunden hatte, war damals schon sehr alt. Er hatte mir erzählt, als ich ihn schon besser verstehen konnte, dass er als junger Deutscher nach dem Krieg nach Russland verschlagen worden wäre und nach vielen Schwierigkeiten das Haus im Wald gefunden hätte, wo er jetzt wohnt. Seitdem wäre er hier geblieben. Er lebe sehr einsam, aber zufrieden, nachdem, was er vorher alles erleben musste. Er hat mir noch vieles mehr von sich erzählt, aber ich möchte euch ja meine Geschichte erzählen, und die geht so weiter:

Er baute mir neben seinem Haus unter einem Überdach ein Lager aus Zweigen, Moos und trockenem Gras. Darüber mit anderen größeren Zweigen und Ästen eine Abdeckung. Hier musste und konnte ich mich verkriechen, wie und wann ich wollte. Weglaufen wollte ich nicht, denn ich wusste, dass ich keine andere Möglichkeit hatte außer hierzubleiben. Ich war zu jung und zu klein dazu, so wie man bei uns in seiner Höhle bleibt, bis man groß genug ist. Das ist uns als Instinkt eingegeben, wie vieles andere, was wir nicht zu lernen brauchen, weil wir es instinktiv wissen. Was ich noch nicht wusste, wie man sich selber sein Fressen besorgt. Das sollte sich aber nach einiger Zeit ändern.

Mein Beschützer versorgte mich mit Fressen, wie ich es brauchte. Kleine Fleischstücke, die ich selbst schon beißen und schlucken konnte. Wasser konnte ich aus einer Bodenmulde saufen, die sich in der Nähe befunden hat.

Spielen und rumtoben musste ich alleine oder mit Sachen, die in der Nähe lagen. Auch ab und zu konnte ich mit meinem Beschützer toben, der mir dabei auch zeigte, wie man sich wehren kann, wenn man angegriffen wird. So ging einige Zeit herum. Ich wurde langsam größer und kräftiger.

Eines Tages nahm mich mein Beschützer mit in den Wald. Wir bewegten uns vorsichtig und er suchte etwas, was ich als Beute jagen sollte. Mal war es ein Hase, mal ein anderes Tier. Erst wusste ich nicht so recht, wie ich es anfangen sollte. Einfach hinterher jagen machte Spaß, aber fangen ließen sich diese Tiere nicht. Wir gingen von da an oft in den Wald, immer, um zu üben und eines Tages klappte es. Ich konnte einen Hasen erwischen, nachdem wir uns erst angeschlichen hatten und ich dann so schnell ich konnte aufsprang und den Hasen schnappen konnte. Ich lernte auch immer besser, die verschiedenen Düfte im Wald zu unterscheiden. Lernte, die Tiere auch auf größere Entfernung zu riechen und dabei zu unterscheiden.

Er hatte auch immer etwas Langes dabei. Das hob er manchmal hoch und dann knallte es furchtbar laut. Und weiter weg viel ein Tier um oder bewegte sich langsam noch ein Stück weiter. Da gingen wir dann hin und er schnitt das Tier auf und machte daraus kleine Stücke. Einen Teil bekam ich davon ab, andere Teile nahm er mit zu seiner Höhle. Mit meinem Jagen wurde es auch besser, ich lernte immer mehr dazu. Auch mit größeren Tieren klappte es. Ich bekam kein Fressen mehr, sondern musste es mir selber jagen und fangen. Ich lernte auch, dass ich von dem gejagten Tier so viel fressen musste, wie ich konnte und, wenn ich wieder hungrig war, zu diesem Tier wieder hinlaufen musste. Wenn nichts mehr da war, von anderen geholt oder gefressen, musste ich mir neues jagen.

Er ging auch nachts mit mir in den Wald. So musste ich auch im dunklen lernen, mich zu bewegen und andere Tiere zu sehen, zu riechen und zu jagen.

Irgendwann liefen wir ein größeres Stück und kamen an eine freie Stelle. Da standen viele große Höhlen wie von meinem Besitzer und Tiere dabei. Diese sahen teilweise aus wie ich, aber auch größere oder gleichgroße, so wie ich, aber mit anderem Fell und sahen auch anders aus. Es roch auch anders als bei unserer Höhle. Wir gingen aber nicht dorthin, sondern wir blieben im Wald unter den Bäumen und hinter Büschen. Mein Beschützer gab mir zu verstehen, dort darfst du nicht hin und die Tiere darfst du nicht jagen. Ich verstand immer besser, was er mir damit sagen wollte. Nicht zu diesen Stellen mit vielen Höhlen gehen und keine Tiere jagen, die dazu gehören. Auch ging er mit mir ein paarmal an eine Stelle, an der eine freie Stelle war, in beide Richtungen. Hier musst du sehr vorsichtig sein, wenn du darauf läufst oder auf die andere Seite möchtest. Geh nur darauf oder hinüber, wenn du nichts Ungewöhnliches siehst und hörst. Ich wusste zwar da noch nicht was er damit meinte. Aber ich merkte mir auch hier: Damit muss ich vorsichtig sein. Viel später habe ich gemerkt, was er damit meinte.

So vergingen viele Nächte und Tage, heiße und kalte. Ich bekam ein dickes Fell und brauchte mich nicht mehr in meinen Schlafplatz zu legen. Ich konnte mich hinlegen, wo ich wollte. Aber immer noch in der Nähe seiner Höhle. Dann fiel auf einmal etwas Helles vom Himmel. Es war kein Wasser, obwohl es so schmeckte, wenn ich etwas davon aufleckte.

Dieses etwas deckte alles dick zu. Wenn man darüber laufen wollte, sank man tief ein. Man konnte gar nicht mehr so richtig laufen und das Jagen wurde schwerer.

Opa sagte: Das war Schnee. Ja, sagte der Wolf, es war Schnee und erzählte weiter: Der weiße Schnee blieb lange liegen. Aber irgendwann wurde er weniger, die Decke wurde dünner und die Erde schaute an vielen Stellen schon durch. Zu dieser Zeit merkte ich auch, dass ich sprechen konnte, erst etwas holpriger, dann immer besser und ich verstand auch meinen Beschützer, was er sagte.

Der Schnee war fast ganz weg. Da wurde ich unruhig, ich wusste nicht so recht, was ich wollte. Mein Beschützer merkte auch, dass sich bei mir etwas veränderte. Er lief mit mir weit in den Wald und sagte: Geh in dein neues Leben, lebe wie ein freier Wolf und versuche irgendwo etwas Neues zu finden. Such dir eine Partnerin und gründe eine Familie. Zum Schluss sagte er noch zu mir: Sei vorsichtig an den Straßen, wenn du hinüber willst und halte dich von den Menschen, ihren Häusern und Tieren fern.

So hatte ich es euch ja bei meinem ersten Treffen schon gesagt. Ich lief also weiter und weiter, in der Nacht und auch am Tag. Schlief zwischendurch an einer ruhigen Stelle und wusste nicht so recht wohin. Ich merkte wenn es heller wurde, kam das helle hinter mir und wenn es dunkel wurde, verschwand das helle vor mir. Aber es war mir nicht so wichtig, ich registrierte es nur. Einfach laufen, zwischendurch etwas jagen und fressen. Manchmal kam ich an ein sprudelndes Wasser. Da musste ich hindurch. Ich wusste nicht wie, aber es klappte. Ich bewegte meine Beine wie beim Laufen und ich bewegte mich vorwärts, bis ich wieder harten Boden spürte. Einige Male kam ich auch an diese freie Stelle, die in beide Richtungen frei war, eine Straße. Ich bemerkte, wie sich etwas sehr schnelles darauf bewegte und es machte mich unsicher. Ich erinnerte mich an das, was mir mein Beschützer mal gezeigt hatte und erinnerte mich auch an seine Warnung, hier besonders vorsichtig zu sein. Ich wartete, wenn ich auf die andere Seite wollte, bis ich nichts mehr hörte und roch. Dann lief ich so schnell es ging hinüber. Auch kam ich manchmal an solche Streifen, aber die waren nicht so breit und auf diesen befanden sich lange Linien, die nach links und rechts verliefen, so weit, dass ich das Ende nicht sehen konnte. Da war ich auch sehr vorsichtig und lief nur hinüber, wenn ich nichts hörte und sah.

Opa sagte zwischendurch: Das waren bestimmt Gleise für Züge, die auf diesen darüber fahren. Stimmt, sagte der Wolf, das habe ich auch mal gesehen, dass sich etwas sehr langes darauf bewegte und ich bin erst darüber gelaufen, als dieses lange vorbei war.

Und er erzählte weiter:

Oft kam ich in die Nähe von Menschen und ihre Häuser und Tiere. Hier machte ich immer einen großen Bogen an ihnen vorbei.

Sehr oft kam ich auch in eine Gegend, in der es sehr nach anderen Wölfen roch. In Gebiete, in denen diese anderen lebten. Mein Instinkt sagte mir, hier darfst du nicht bleiben und musst so schnell wie möglich weg und weiter. Ich hatte immer Glück, dass ich nicht bemerkt worden war.

Nach einer langen Zeit kam ich in eine Gegend, die einen anderen Boden hatte als ich kannte. Man sank etwas ein und es roch ganz anders. Der Boden hatte tiefe Furchen und auch manchmal tiefe Löcher und es gab viele Stellen ohne Bäume und Sträucher. Da gefiel es mir gut. Hier roch es auch nicht nach anderen Wölfen und ich wollte hier etwas bleiben. Es gab Tiere, kleine und große, die ich jagen konnte und ich konnte mich hier gut bewegen und aufhalten. So beschloss ich, etwas zu bleiben.

Evelin und Opa hatten gespannt zugehört, was der Wolf ihnen da erzählte Der Wolf hörte auf mit seiner Erzählung, denn an der Höhle bewegte sich etwas.

Evelin und Opa sahen, kleine Wolfsschnauzen tauchten auf und dann die kleinen Wölfe. Nacheinander drei Stück kamen vorsichtig und langsam aus dem Höhleneingang. Drei junge Wölfe, so wie der alte Wolf es ihnen gesagt hatte. Sie sahen sich um, liefen kleine Stücke hin und her und krabbelten etwas tollpatschig auf den Erdhaufen. Sie bewegten sich unsicher, schauten in der Gegend umher und purzelten übereinander den Erdhaufen hinunter und krabbelten wieder hoch.

Evelin war begeistert. Jetzt sah sie endlich die kleinen Wölfe, niedlich und tollpatschig wie kleine Hunde. Opa ging es genauso.

Kurz darauf kam auch die Wölfin aus der Höhle, schaute sich um, auch in die Richtung von Evelin und Opa und sah bestimmt auch ihren Partner bei Evelin und Opa liegen. Sie legte sich neben den kleinen Bodenhügel und die kleinen Wölfe fingen an, auf ihr und über sie zu krabbeln.

Evelin und Opa sahen eine ganze Weile diesem Treiben zu und freuten sich darüber.

Dann sagte Opa: Evelin, wir müssen nach Hause, es ist wieder mal spät geworden. So sagten sie Tschüss zu dem Wolf und seiner Familie und gingen schnell nach Hause.

Zu Hause wurden sie wieder gefragt: Wo wart ihr die ganze Zeit? Sie erzählten, dass sie bei den Wölfen waren und die jungen Wölfe gesehen hatten. Als Antwort bekamen sie zu hören: Träumt ihr immer noch? Ihr lauft stundenlang im Wald rum, das ist schon komisch. Aber Evelin und Opa wussten es besser, wollten aber nichts weiter dazu sagen.

Kapitel 6   **Die Geschichte geht weiter, der Wolf erzählt den dritten Teil seiner Erlebnisse.**

Evelin und Opa gingen nach mehreren Tagen wieder mal in den Wald und warteten an dem Baum, bis der Wolf dazu kam.

Er sagte: Wir gehen besser nicht zu der Höhle, ich möchte die Kleinen und meine Frau nicht zu sehr beunruhigen. Aber ich möchte euch meine Geschichte ja noch weiter erzählen, wenn ihr wollt. Evelin und Opa bestätigten dem Wolf, dass sie die Geschichte weiter hören möchten. Der Wölf sagte: Dann gehen wir an eine andere schöne Stelle, an einem kleinen Wasser. Dort ist es ebenfalls sehr ruhig und gemütlich. So führte sie der Wolf ein Stück durch den Wald zu einem kleinen Teich. Dort war eine freie Stelle mit einem umgefallenen Baumrest, auf den sie sich setzten konnten. Der Wolf legte sich wieder vor ihnen auf den Boden und begann zu erzählen:

In dem Gebiet, von dem ich euch letztes Mal erzählt habe, habe ich mich mehrere Tage aufgehalten. Habe mir was zu fressen gejagt und mir die Gegend angesehen. Gerüche von anderen Wölfen habe ich nicht gefunden. Nur einmal, weit weg von dem Bereich, auf dem ich mich meistens aufgehalten hatte, hatte ich Spuren und Markierungen von Wölfen gefunden und gerochen. Aber das war weit weg.

Eines Tages zog mir ein Geruch in die Nase, von einem anderen Wolf, aber es war ein besonderer Geruch. Ich wusste erst nicht, was es war. Ich war neugierig und ging dem Geruch vorsichtig nach. Hinter einem Hügel mit Büschen sah ich es dann unten in einer Bodenmulde: Da lag ein einzelner Wolf und ich merkte und erkannte instinktiv an dem Geruch und ihrem Aussehen: Es war eine Wölfin. Nun haben wir Wölfe einen angeborenen Instinkt, was das Zusammentreffen mit anderen Wölfen betrifft. Wir merken dabei sehr schnell, ob es gefährlich sein könnte oder nicht. Hier war ich mir sicher, ich merkte nichts von weiteren Wölfen und merkte dadurch, sie war wirklich alleine. So machte ich mich bemerkbar und lief in ihre Richtung. Sie stand auf und kam mir entgegen, etwas unsicher, aber das legte sich. Wir kamen einander näher, beschnüffelten uns, wie das bei uns so üblich ist, auch bei Hunden. Wir verständigten uns mit unserer Körpersprache, dass wir uns gefielen. Wir blieben zusammen. Die nächste Nacht verbrachten wir gemeinsam an einem meiner Schlafplätze. Am nächsten Tag streiften wir gemeinsam durch mein Gebiet und jagten zusammen etwas zu fressen.

So blieben wir zusammen, viele Tage und Nächte. Die heißen Tage vergingen und es wurde kälter. Es kam, wie bei Wölfen üblich, wenn Wolf und Wölfin zusammen sind. Wir heirateten und freuten uns auf ein gemeinsames Familienleben. Aber das sollte sich noch ändern, ich wusste es da noch nicht.

Es wurde noch kälter und es viel wieder Schnee.

Wir machten größere Runden, um etwas zu fressen zu finden.

Und dabei passierte es: Wir kamen an eine Straße und wollten hinüber, da wir drüben etwas gerochen hatten. Die schnellen Dinger sausten vorbei und ich wartete auf eine Gelegenheit, um hinüber zu laufen, wenn es ruhig wurde. Meine Partnerin kannte offenbar die Gefahr nicht, lief, bevor ich es verhindern konnte, auf die Straße und ich sah, wie in diesem Moment eins der schnellen Dinger heran sauste und sie voll erwischte. Ich sah nur noch, wie sie sich überschlagen hat und auf der anderen Seite reglos liegen geblieben war. Ich war entsetz und wusste nicht, was ich machen sollte. Ich versteckte mich am Rand und wartete ab, was weiter passieren würde. Das schnelle Ding hielt an, ein Mensch stieg heraus und ging zu meiner Wölfin. Die rührte sich nicht. Der Mensch hantierte an ihr herum. Nach einer Weile kam ein anderes von den schnellen Dingern und sie nahmen meine Wölfin mit.

Ich habe sie nicht mehr gesehen, wusste nicht, ob sie noch lebte oder nicht.

Ich war total überfordert. So etwas hatte ich noch nicht erlebt. Ich konnte hier nicht mehr bleiben und lief, erschrocken wie ich war, fort, nur fort von hier. Automatisch in die Richtung, in der ich vor unserem Kennen lernen gelaufen war, immer weiter, immer weiter. Ich war wieder einsam, wie vorher auch.

Ihr könnt euch denken, ich lief wieder viele Tage und Nächte. Nirgends fand ich Ruhe. Und ihr könnt euch vielleicht denken, bis wohin ich gekommen bin, ja, bis hierhin.

Aber ich muss noch etwas hinzufügen: Unterwegs bin ich an ein sehr breites Wasser gekommen, das war mir zu breit, um mit meinen Beinen rudernd hinüber zu kommen. Hab es erst versucht, aber gleich gemerkt, das klappt nicht und bin sofort wieder zurück. Ich habe lange gesucht, um einen möglichen Übergang zu finden. Habe endlich einen gefunden, einen Übergang wie eine Straße. Ich habe aber schnell gemerkt, im Hellen war das zu gefährlich, zu viele Menschen, zu viele von den schnellen Dingern. So habe ich lange gewartet, bis es ganz dunkel war und ich fast alleine hinüber laufen konnte.

So ein breites Wasser musste ich nochmal überwinden, gar nicht so weit von hier zurück. Aber da brauchte ich nicht lange zu suchen, denn hier hatte ich gleich einen Übergang gefunden. Allerdings musste ich auch hier warten, bis es ganz dunkel war und ich fast alleine hinüber konnte. Der Wolf machte eine Pause.

Die nutzte Evelin und fragte den Wolf: Deine Geschichte mit deiner ersten Partnerin ist sehr traurig. Wir können deine Trauer und dein Entsetzen voll nachfühlen. Aber wo hast du deine jetzige Partnerin gefunden? Der Wolf antwortete: Das war gar nicht so schwer, fast ein Zufall. Kurz nach dem zweiten großen Wasser sind wir uns zufällig über den Weg gelaufen. Es war ein Waldgelände mit vielen offenen Stellen. In der Nähe war ein großes beleuchtetes Gelände, auf dem viele komische Vögel in die Luft geflogen sind oder herunter geflogen kamen und dabei einen großen Lärm machten. Da stand sie plötzlich auf einer der freien Stellen, es war fast dunkel, aber ich konnte sie noch gut erkennen, sie mich sicherlich auch. Wir liefen vorsichtig aufeinander zu, ich schaute in die Runde, ob wir alleine waren. Konnte nichts bemerken, keinen anderen Wolf. Ihr ging es sicher genauso. Wir begrüßten uns durch das übliche Beschnüffeln. Wir blieben auch eine Zeitlang an dieser Stelle. Doch dann wollte ich weiter, in dieser Gegend mit dem beleuchteten Platz, dem Lärm und den komischen Vögeln wollte ich nicht bleiben. Ich machte mich auf den Weg und sie folgte mir. So kamen wir bis hierher, fanden diesen ruhigen Platz ohne andere Wölfe, nur für uns alleine. Wir fanden auch die Stelle mit dem umgestürzten Baum und der Wurzel, unter der wir die Höhle bauen konnten. Jetzt sind wir schon viele Wochen hier.

Den Rest kennt ihr ja, denn wir haben uns hier ja kennen gelernt. Der Wolf hatte ihnen nun seine Geschichte fertig erzählt, von seiner Geburtshöhle bis zu dem Platz hier in der Eifel.

Evelin und Opa blieben noch etwas an dem Platz und bei dem Wolf. Dieser sprach dann zu Ihnen: Ich muss jetzt weiter, etwas zu jagen und dann zu meiner Höhle zurück. Meine Kleinen und meine Frau warten, dass ich ihnen etwas zu fressen bringe. Wenn ihr möchtet, könnt ihr gerne wieder kommen. Kommt zu dem Platz an dem verdrehten Baum. Dort werde ich euch finden und euch treffen. Ich hoffe, dass wir hier lange bleiben können und unsere kleinen Wölfe hier ungestört groß werden können.

Dann verabschiedeten sich Evelin und Opa.

Doch bevor sie weggegangen sind, sagte der Wolf zu Evelin: Wenn ihr nach Hause fahrt, werde ich euch sehr vermissen. Ich hoffe, wir sehen uns bald mal wieder.

Opa und Evi gingen durch den Wald den Weg zurück, den sie gekommen waren.

Zu Hause erzählten sie nichts mehr darüber, denn es wollte eh keiner glauben.

Opa sagte zu Evelin: Du hast jetzt deine Wölfe gesehen, die alten und die jungen. Wir haben viel von dem alten Wolf und vor allem seine lange Geschichte gehört. Ich denke, wir lassen ihnen jetzt ihre Ruhe und lassen die jungen Wölfe groß werden.

Vielleicht besuchen wir sie nochmal, wenn sie größer geworden sind. In der Zwischenzeit fahren wir mal zu dem Vogel- und Wolfspark nach Pelm, wenn die Corona-Situation es zulässt. Dort schauen wir uns mal die schwarzen Timberwölfe an, die dort leben. Ja, prima, sagte Evelin, das machen wir mal.

Kapitel 7   Wie geht es weiter.

Opa möchte hier sein kleines Buch über Evelin und die Wölfe beenden. Vielleicht gibt es eine Fortsetzung, wenn sie in Pelm waren, um dort die Timberwölfe zu sehen oder vielleicht auch ihre Wölfe im Wald in der Eifel nochmal besucht haben. Das alles wird sich zeigen.

Zum Abschluss noch ein Bild auf der nächsten und letzten Seite, aus dem Internet mit Wölfen, das Opa besonders gut gefällt.

Opa fragt sich zwar, warum die Wölfe in dem Internettitel als aufgeregt bezeichnet werden. Für ihn sieht das ziemlich entspannt aus, allenfalls neugierig oder etwas unsicher.

Hier die Internetadresse zu diesem Foto.
https://upload.wikimedia.org/wikipedia/commons/5/56/Aufge-
regte_W%C3%B6lfe.JPG

Hier noch eine Internetadresse, auf der man auch viel über Wölfe
erfahren kann.
https://chwolf.org/woelfe-kennenlernen/biologie-ethologie/fort-
pflanzung

Hinweise:
Der Text in Rot auf Seite 31 stammt von Evelin, eingefügt als
farbige Grafik. Sie hat diesen Text selbst ausgedacht und zusätz-
lich gewünscht als Abschied von dem Wolf und seiner Geschichte.

Zu den in diesem Buch genannten Internet-Adressen kann vom
Autor keine Verantwortung zu Inhalt, Richtigkeit und rechtliche
Sicherheit übernommen werden. Der Autor möchte hiermit ledig-
lich auf die Möglichkeit der Information hinweisen.

Anhang:
Der Weg des Wolfes und die Stationen der Wanderung aus seiner Erzählung

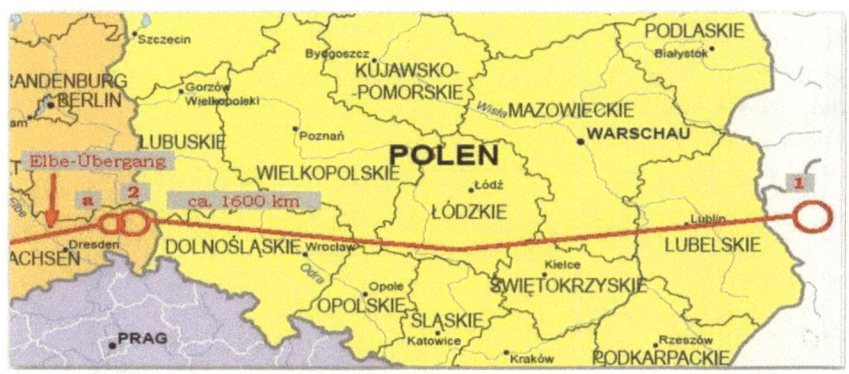

(1) = Geburtsort/Höhle und erstes Jahr bei dem Menschen in Russland
(2) = Erste Zwischenstation mit Aufenthalt Braunkohlenrevier Lausitz
(a) = Seine erste Wölfin wird von einem Auto angefahren
(3) = Zweite Zwischenstation in der Nähe des Flughafen Köln
(b) = Er findet seine zweite Wölfin
(4) = Letzte Station, Höhle im Naturpark Eifel, Wilder Kermeter

Kartenquelle: https://www.chip.de/news/Europakarte-kostenlos-EU-verschickt-Poster-per-Post_146221157.html

Ergänzung Überarbeitung 1, Vogel- und Wolfspark Pelm

Evelin, Opa und die ganze Familie waren am 30.03.2021 wie geplant in Pelm, im Vogel- und Wolfspark Kasselburg.

Ein wunderschöner Sonnen-Frühlingstag, eine rustikalen Burg und eine ebenfalls wunderschöne weitläufige Parkanlage, mit einem Restaurant, großem Spielebereich, Ziegenwiese, Vogelvolieren und besonders mit dem Rudel Timberwölfe.

Hier ein paar Fotos davon:

Foto 1: Die Burg, Foto 2: Oberes Gelände
Foto 3: Klettergämse Evelin an der Burgmauer
Foto 4: Timberwolf
Foto 5: Das Rudel, Foto 6: Warten auf Futter
Foto 7: Die Alpha-Wölfin

Der Besuch auf der Kasselburg und zu den Wölfen war für Evelin und Opa ein besonderes Erlebnis, zumal sie zusammen mit Elias, dem Bruder von Evelin, bei der Fütterung am Nachmittag hautnah dabei

34

sein durften. Direkt im Gehege, nur durch einen Elektrodraht von den Wölfen getrennt. Die Rudel-Alphawölfin befand sich während der Fütterung teilweise nur einen knappen Meter von den Kindern und Opa entfernt, wie auf dem Foto 7 zu sehen, ein gewaltiger Eindruck. Sie konnten dabei den wilden Ausdruck ihrer Augen und des gesamten Gesichtsausdrucks erkennen. Insgesamt machten diese schwarzen Timberwölfe einen weit wilderen Eindruck auf Evelin und Opa, als sie von den europäischen grauen Wölfen von Fotos her kannten.

Der Timberwolf ist nach verschiedenen Angabe im Internet eine Wolfs-Unterart, die in Nordamerika weit verbreitet war, jedoch durch die Besiedelung fast ausgerottet wurde.
Das Rudel auf dem Gelände der Kasselburg mit zehn Wölfen und gelegentlichem Nachwuchs (ca. alle zwei Jahre) gilt als das größte Wolfsrudel in Westeuropa, siehe
https://de.wikipedia.org/wiki/Timberwolf;
Weitere Beschreibungen auch unter
https://mythoswolf.wordpress.com/2016/05/11/timberwolf/
und anderen Internetseiten.